幸運を呼びこむ不思議な写真

Spirit / Fairy • Dragon • Aura / Energy • Messenger • Cosmic Energy • Angel

FUMITO

サンマーク出版

この本の使い方

この本に載っている写真には、**「目には見えないエネルギー」が写っています。**「目には見えないエネルギー」を、誰でも見えるように写し出した写真集です。

この本の写真は、あなたの好きなように見て、感じて楽しんでください。

ただ、より見えない世界とつながり、あなたの可能性を広げるための見方をご紹介します。

1

気に入ったページの写真を、
瞬きせず10秒間見つづけてください。

2

その後、目を閉じてゆっくりと、深く呼吸しながら、
光、風、ぬくもり、香り……その世界を感じてみてください。
その世界の広がりを感じることができます。
または、ストーリーが展開することもあります。
それら、光の存在の世界を楽しんでください。

3

充分感じたら、目を開けてください。

はじめに INTRODUCTION

幸せへと導く光をキャッチしたあなたへ

この本を手にとっていただき、ありがとうございます。
この本は、**「目には見えないエネルギー」を、誰でも見えるように写し出した写真集**です。
この本に収められたエネルギーが、あなたに幸せへと導く光を投げかけています。その光を無意識にキャッチしたのがあなたなのです。
いまのあなたは、幸せのエネルギーを受け取る準備ができているようですね。
そのエネルギーとは、

- 光やオーブによってあらわれる「精霊・妖精」や「宇宙エネルギー」
- 雲や火、光によってあらわれる「天使」や「龍(りゅう)」
- 植物や動物の「生命エネルギー」
- フクロウや白蛇、石などによる「見えない世界へと誘(いざな)うエネルギー」

といった**通常は目に見えない、でも確実に存在し、私たちに影響を与えるもの**です。

私はこの本を通して、あなたに知ってもらいたいことがあります。

いままで知らなかった世界を知ることで、**認識の幅が少しずつ広がっていきます**。思わぬ方向の世界へあなたを導き、予測もつかない感覚が訪れるのです。

　すると、**無限の可能性へとつながる世界の扉を開くことができます**。

　この本にある写真を見て、感じてください。

　あなたの、これまでの認識を変える一冊になるでしょう。

不思議な写真を見た方の感想

　この写真は、ブログやセミナーなどに参加された方々にご紹介していましたが、それを見た方々からつぎのような感想をいただきました。

◎この写真をもらったのが昨日で、**今日何と臨時収入がありました！！**　さすがダイヤモンド富士！　しかも美しいブルーの輪っかはさらに運がよくなりそうです！（066ページ写真／ I.N さん）

◎写真を見つめて目を閉じた瞬間、**サードアイの辺りから明るい光が放たれて**まぶしい白で包まれました。何だかうれしい気持ちでいっぱいになって……「私たちの瞳には光がありたえず輝いていて、そのままで世界を見ればいい」ということを感じました。
（037ページ写真／ C.N さん）

◎どんなことがあっても、いつも強い光で勇気づけてくれた気がします。それと、自分自身の光も呼び起こしてくれているようにも感じました。一番びっくりした事件は、**メッセージがほしい人からメッセージがきたこと**。それでも、なかなか素直になれなくてぎこちないやりとりになりましたが、「すべてそれでいい」「どう思われても構わない！」と思うまま素直に気持ちを伝えることができ、スッキリしました。(044 ページ写真／M.H さん)

◎この白鳥の写真を一日に何度も目にするようになって、ゾロ目の見え方が変わってきました。何を伝えたいのかいままでよりもわかるようになりました。それによって、自分の中心に戻りやすくなり、**不安を少しずつ手放すことができるようになってきました！** そして、現実が変わりはじめてきています。思ったことが現実にあらわれはじめているのと、変化がたくさん起きています。これから現実がどう展開していくのか、ワクワクとドキドキを感じています。(062 ページ写真／N.M さん)

　あなたは、どんなメッセージを受け取るでしょうか？　どんなエネルギーを受け取るでしょうか？　ぜひ、自由な気持ちで感じてみてください。

世界をつくっているのは自分自身

なぜ、私が「目には見えないエネルギー」を、誰でも見えるように写真として写し出すことができるのか、その理由としては、根付いている物事のとらえ方があります。

私は、神社の家系に生まれました。そのため、「八百万の神」といわれるように、**すべてのものに神が宿っている**という意識があります。

古来、日本人は太陽を神様として拝んでいました。それは、太陽の光が植物を育て、私たちを生かしていることを実感していたからでしょう。

また、さまざまな食べ物を実らせてくれる山を、種を育ててくれる大地を神様として拝んでいました。

このように、私たちに与えてくれる自然界のすべてを神様として拝んでいたのです。

自然界に存在するものすべては神様という考えは、植物、動物、鉱物、自然現象……さらには、**人である「自分自身」も神様**だということです。

人にも「神の魂」が宿っているからこそ敬意を持ち、自分にも、そして他人にも接しなければいけない。これを幼いころより教えられていました。

同時に、神の魂が宿っている私たち一人ひとりが、自分自身をとりまく世界をつくっています。**自分自身が向き合う意識によって、世界がつくられるのです。**
　この認識があるため私は、見えないものを感じ、そして、誰もが見える形で写真に収めることができるのだと考えています。

共感覚を持っていた幼少期

　少しくわしく私の幼少期のころのお話をご紹介します。
　私は、福島県の空気が澄んだ鎮守の森の中にある、「金沢 黒沼神社」という神社で育ちました。
　この神社は、鎮座1300年の歴史を持ち、重要無形民俗文化財の指定を受ける祭り「羽山ごもり」は、いまも伝承され、今年で1088回を迎えます。
　こうした神社で育った**私の幼少期の記憶は、いまでも鮮明にあります。**
　0歳のころのある日、私は社務所の隣にある祖父母の家で寝かされていました。
　当時、社務所の建て替え工事を毎日行っていました。その建て替えに携わるさまざまな人たち、大工さん、建具屋さん、ガラス屋さんなどが話し合っている声や、その光景までもが見えていました。
　そして、遊びから帰ってきた姉が、私のところにやってきて、ほっぺたをつんつんとしたり、なでたりしてくれたのも覚えています。

Introduction

話しかけるその口元から、グリーンのもやっとした色が見えていました。
　その、もやっとしたグリーンのものを見ながら、姉を感じ、姉からの「帰ってきたよ」という親しみのエネルギーをとらえ、「ありがとう」という思いのエネルギーで返していました。

　そのように、姉との言葉ではない会話には、何か心の内側からくる「知っている」「わかる」という感覚がありました。
　そんな幼少期の感覚は、後に「共感覚」だったのだとわかりました。

　共感覚を持つ人は、たとえば文字に色を感じたり、音に色を感じたり、形に味を感じたりします。ある刺激に対して通常の感覚だけでなく、異なる種類の感覚をも生じさせる、一部の人に見られる特殊な知覚現象といわれています。

私の一番秀でていた共感覚は、「心の目で見ること」です。
　それは、眠っているのではなく、目を開いて脳が何か受信している感じで、白昼夢のように、**いまさっきまで見ていたビジョンからチャンネルが替わり、他のビジョンが入ってくる感じなのです。**
　幼少期の「共感覚」の体験の中で、よく覚えているのは、生まれてから8か月ぐらいまでの間、おばあちゃんがおんぶして、よく散歩してくれたことです。
　その際、木々の匂いや、あったかい意識に包まれるような感覚……鎮守の森の

中に神社はあるので、氣の流れや、独特の意識を感じ、またそれらを眠りながら垣間見ていました。

　それは、自然のメロディーを聴いているかのような感じと、木々が会話しているような感じでした。

　さらに、常に感じていたのは、**八百万の神々の意識が常に一緒にある**という感覚でした。

　それは、いつも家族の人数以上に大勢いて、にぎわっているような感覚なのです。

　また、私は小さい身体でとても窮屈だという思いがありました。

　ただそんな思いとともに、「こんなにも自然がキレイで、さまざまなことを感じることのできるすごい世界にきたんだ」という実感がありました。

　そのころ、自分が「木のてっぺんに行きたいな」と思ったら、その場所に行ける意識があることを知っていて、木のてっぺんのビジョンを見ていました。

「意識を行きたいところに向ければ、その空間が広がる」

　このような感覚がありました。

きっかけは半透明のUFO写真

　大人になってからも、精神性の夢を見たり、同時にさまざまな不思議な体験をしてきました。

とくに、**2011年3月11日の少し前からは、神々の夢を見るようになりました。**

　仙人のような人が出てきて、「ここにあれ」と一言、言って消えたり、修行僧のような輝いた人があらわれ、「気づきなさい」と一言残して消えたり……。

　神々だと感じる、さまざまな方からの**メッセージを夢で頻繁に受け取っていました。**

　目には見えない存在を写真に撮るようになったのは、それからです。

　出張で名古屋に行ったときに、とあるホテルの高層階で仕事をしていました。そのとき、ふと視界に入ったのは、窓から見える普通の空の景色でした。でも、**その空から強く、強く惹(ひ)かれるエネルギーのようなものを感じたのです。**

　「何だろう？」と思い空に向かって一枚だけ写真を撮りました。

　そこには、**半透明のUFOが写し出されていました（011ページ）。**

　UFOの写真を撮ってから、少したったある日、高尾山の「火渡り祭」という祭りに行きました。

　儀式の中でマントラを唱える修験者の上に、すごく大きな曼荼羅(まんだら)のようなものがあらわれたのが、目ではっきり見えました。

　そこから、**さらにエネルギーや、オーブなどを写真に撮れるようになったのです。**

今日まで、たくさんのさまざまな意識を写真に収めてきました。
　常識ではとらえられないようなものも、目に見えるものとしてあらわれている写真です。
　これらの写真から感じられるエネルギーを意識しながら、目をつぶって心の目で感じてください。

　この本がきっかけとなり、見えない世界との確かなつながりができれば、あなたのこれまでの思いこみや制限の枠が外れ出します。
　そして、無限の可能性と意識の広がりが感じられるでしょう。
　この本が、あなたが人生を「楽しむ」ことへのサポートとなることを、心より祈っています。

FUMITO

装丁・本文デザイン：冨澤 崇（EBranch）
編集協力：株式会社ぶれす
本文DTP：朝日メディアインターナショナル
編集：金子尚美（サンマーク出版）

- ●この本の使い方 ………… 002

- ●はじめに ………… 003
  - 幸せへと導く光をキャッチしたあなたへ ………… 003
  - 不思議な写真を見た方の感想 ………… 004
  - 世界をつくっているのは自分自身 ………… 006
  - 共感覚を持っていた幼少期 ………… 007
  - きっかけは半透明のUFO写真 ………… 010

- ツキを呼ぶ自然界に存在する「精霊・妖精」………… 017

- 変化のタイミングであらわれる「龍」………… 031

CONTENTS

- 癒しの「生命エネルギー」………… 047

- 見えない世界へ誘う「使者」………… 069

- 夢をかなえる「宇宙エネルギー」………… 087

- 愛と光のエネルギー「天使」………… 105

- ●おわりに ………… 120
  - 未来世の自分からのメッセージ ………… 120
  - 見えない存在たちが教えてくれる「ワンネス」………… 121

Spirit / Fairy

ツキを呼ぶ自然界に存在する
「精霊・妖精」

樹木、花、石……など自然界に存在する精霊・妖精のエネルギーは、私たちを**楽しい気持ち、陽気な気持ちにしてくれるエネルギーを発しています。**
　これからご紹介する写真は、すべて精霊・妖精がオーブとなって写されたものです。
　オーブとは光が膨張し、投影され写真に写しこまれる現象です。
　オーブには、２種類あります。ひとつは、**「エネルギー」をあらわすもの**です。たとえば、人の感情が変わったときや、エネルギーが動いたときなど、その人の周りで、パパパッと瞬間的にあらわれるエネルギー的なオーブです。
　もうひとつは、**精霊・妖精といった「光の存在の意識」をあらわすもの**です。
　樹木、花、石……など**自然物の中に精霊や妖精が宿っているもの**、または自然物に**引き寄せられて精霊や妖精がやってきているものが、オーブとして写真に写ります。**精霊・妖精の意識としてのオーブの色は、レインボー、グリーン、白……とさまざまですが、輝いているのが特徴です。そして、このオーブはただのハレーション（強い光の当たった部分の周りが白くぼやける現象）とはまったく違うものです。

　ここで、私が出会った精霊のエピソードをご紹介しましょう。
　2011年２月のある晩のことです。
　私はぐっすりと眠っていましたが、すごく冷たい風が顔にかかるのを感じ、「何だ？」と目を覚ましました。

すると、小指ほどの大きさの**キラキラとした丸い虹色の光**が目に入ってきました。その後、渦巻き状に細かな雪とともに、顔に飛んできました。
　よく見てみると、その丸い光の中には、白髪で白く長いひげをはやした仙人のようなおじいさんがいました。
　そのおじいさんは、光の中に存在する雪の精霊でした。
　精霊は枕の上に立ち、私の顔めがけて「ふーっ、ふーっ」と、口から雪と風を吹きかけていたのです！　とても冷たかったので、身体を動かそうとしたのですが動かず、しばらくずっと吹きかけられていました。
　２、３分ほどたったでしょうか。
「もう、わかったよ〜」と、心の中で笑い、感謝の気持ちを伝えました。
　すると、精霊の姿は消え、身体も動くようになったので、起き上がって窓を開けました。その年の初雪が舞って積もっていました。
「ああ、雪の精が初雪を知らせてくれたんだな、ありがとう」
　もう一度感謝の気持ちを送りました。

　このように、精霊・妖精は時にユーモアたっぷりのあらわれ方や、伝え方をしてくれます。
　あなたも写真から精霊・妖精のエネルギーを感じてください。**陽気な気持ちになれば、自然と運のよい出来事、「ツイている！」と思うような出来事が引き寄せられてくることでしょう。**

Spirit / Fairy

「めまぐるしい毎日で日々をこなすのがやっと」「何もかもうまくいかない」
「毎日楽しいことがひとつもない」……。
こんなふうに思うことはありませんか？

そんなときは、精霊・妖精とふれ合ってみませんか？

精霊・妖精のエネルギーは、陽気で心がワクワクしてくるパワーに満ちています。

これらは木の妖精を写したもの。上の写真は、雨上がりにあらわれた木の妖精としてはめずらしい水色のオーブ。

ツキを呼ぶ秘けつ、それは、自分は「ツイてる！」「ラッキー！」と思うことです。
なぜなら、気持ちがポジティブなときは、その気持ちに引き寄せられ、**どんどんポジティブなことや、「ツイてる！」と思うことがやってきます。**

精霊・妖精の中には、ポジティブな気持ちと共振を起こし、増幅させてくれるのが得意な存在もあります。

これらの写真は、直径20センチの「スモーキークォーツ」の中に宿っている精霊。
いつも、私が思いを言葉で伝えると、共振が起こり、光を発してくれます。

Spirit / Fairy

森や林の中、そして美しい水辺のそばにいると、元気になってくることはありませんか？
きっとそれは、精霊・妖精のおかげかもしれません。

私は、美しい水辺で、スプラッシュ（水の精霊）たちをよく見かけます。
青や白っぽい水色のオーブが特徴です。

キレイな小川や湖に行ったら、あなたもスプラッシュを感じてみてください。**何だか楽しい気持ちになってきたら、スプラッシュがそばにきた証拠**かもしれません。

Spirit / Fairy

ツキを呼ぶ自然界に存在する「精霊・妖精」

「ツイてる！」「ラッキー！」と思うことが、日々増えてきたら、
あなたの願いがかなう日も遠くありません。
この写真は、「ラビットルチル」の石の精霊を写したものです。
石のエネルギーは、「願いをかなえる」。
石に質問をすると、夢で答えをくれます。

あなたの願いは何ですか？

Spirit / Fairy

028　ツキを呼ぶ自然界に存在する「精霊・妖精」

精霊・妖精と仲良くなれば、もっと毎日が楽しくなります。
でも、どうやって仲良くなればいいのでしょう？

それは、**自然を愛し、自然と仲良くなること。**
そんな人のことを、精霊・妖精は歓迎してくれるでしょう。

この写真は、ハワイ島の空港にある像に集まってきたハワイの
土地の精霊。
ハワイに降り立った人々を、歓迎するあたたかいエネルギーを
感じました。

Dragon S

変化のタイミングであらわれる
「龍」

龍のエネルギーは、人のエネルギーと共振することによって、その人の意識をその人にとって目に見える形の"龍"としてあらわしてくれるものです。

　これからご紹介する写真は、私が龍のエネルギーと共振したことによって、私の目に見える形になってあらわれてくれた龍のエネルギーです。

　雲、炎、光、水など自然界を通して、目に見える龍としてあらわれてくれました。
龍は、変化のタイミングであらわれます。

　新たな出会いの印であったり、勇気を持ってチャレンジするときを知らせてくれたりもします。

**　もともと龍という存在は、次元をトラベルする存在です。空間だけでなく、現在、過去、未来を自由に行き来します。**

　私は眠りにつく瞬間、意識の感覚が大きく大きく膨れ上がり、自分の意識が龍につながったことがあります。

　龍とつながり、龍になった意識は、ものすごいスピードで、大きな身体を自由に動かし、意識した場所、時間……過去、未来関係なく、移動しました。

　そこで、さまざまなビジョンを見て感じたことは、**すべてがつながっており無限の世界に存在している**という感覚でした。

　それからというもの、神社やパワースポットと呼ばれる土地や自然の豊かな場所で、あの感覚が蘇(よみがえ)ってくるとき、龍の存在を感じます。

そして、私自身が変化を迎えるタイミングで、その姿やエネルギーを垣間見せてくれます。

　あなたも写真を見ながら、どんな言葉がわいてくるのか、どんな気持ちを感じるのか、心の内側に聞いてみてください。
　思いもよらぬ「ひらめき」が出てくるかもしれません。それはきっと、**あなたの人生を前向きに変えてくれるメッセージ**でしょう。
　何か、メッセージや実際に変化を感じたら、龍に感謝の念を送るようにするといいですよ。

「新しいことをはじめる」「いままでとは違うことを選択する」「引っ越し」「結婚・出産」……このように生活や人生が変わるとき、私たちは不安になることがあります。当然ですよね。

でも、変化に飛びこむことで、私たちは成長をします。

変化のタイミングであらわれる龍は、いつも力強いメッセージを私に与えてくれます。
富士山の麓の山中湖に行ったとき、「立ち上がれ！」という強いメッセージとともにこの龍雲（次ページ・左）が現われました。

また、仕事中に自分のクリエイションに悩んでいたとき、ふと空を見上げると龍雲（次ページ・右）が空に広がっていました。そして、「もっと自由であれ！」というメッセージを受け取りました。

行きづまったとき、少し「見方」を変えるだけで、解決策があっという間に見つかったり、マイナスだと思っていたことがチャンスだと気づいたりすることがあります。

「見方を変えればあらわれる」
この、富士の裾野にあらわれた龍雲は教えてくれました。

意味のある偶然の一致を「シンクロニシティ（シンクロ）」といいます。
シンクロが起こるときは、変化のとき。恐れずに行動してください。

この龍雲もじつは、シンクロの流れで私にメッセージをくれました。私はある新たなチャレンジを試みていたところでした。
そんな私の背中を**「自信を持ってすすみなさい」**と押してくれました。

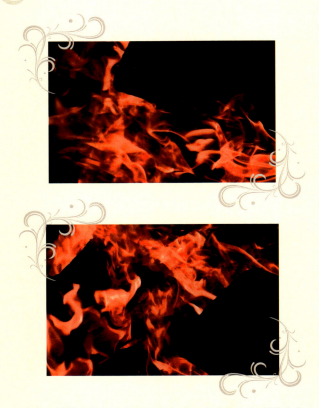

実家の神社で祭りの際にたいた火にあらわれた「龍火」。
火の龍は、**「魂の目覚め」をうながすあらわれ**です。

このエネルギーを受け、あなたの魂は
何を感じるでしょうか？

私たちの頭には、常にさまざまな思考が渦巻いています。
そしてその思考にとらわれ、心配したり、行動を制限してしまったりしています。

これは、山中湖近辺のある神社の「手水舎(ちょうずや)」のところで写しました。
ちょうど、龍の飾りがついているところに光とともに龍のエネルギーがあらわれたのです。

龍は、光のエネルギーで**「渦巻いた思考を洗い流し、行動しなさい」**と教えてくれました。

Dragon

044 　変化のタイミングであらわれる「龍」

太陽神に突き上がる龍のエネルギーを感じてください。

変化のとき、不安や恐れを感じてしまうかもしれません。
でもそれは、新しい自分に生まれ変わるための前触れ。

龍は、あなたが新しい自分に変化することを、見守って
くれています。

AURA / ENERGY

癒しの

「生命エネルギー」

植物や動物の生命エネルギーは、私たちを癒す力を持っています。これからご紹介する写真には、オーブや不思議な形の雲や光が写っているものはほとんどありません。しかし、動植物が発しているエネルギーを私が見て、感じて写しています。ですから、あなたにもきっとその生命エネルギーを感じていただけると思います。

　まず、動物の生命エネルギーは、癒しであり、生命の本能としての伝承のエネルギーです。次世代につなぐ命のエネルギーは、まぎれもない自然の中のひとつ。愛ある命の意識を感じてください。
　つぎに、植物の生命エネルギーです。周波数は高くとてもフラットです。**植物はエネルギーが高い**ともいえます。また、根付いていくような**安定したエネルギー**でもあります。
　植物は自然とともにあり、調和しています。大地だけではなく、他の植物や木々たち同士、また風や光とも調和しています。
　とくに、**木々は遠く離れた木々との調和し情報交換もしています。**それは、私たちの目では見えていない土の中の根が、すべての木々の根たちと共存しているからです。
　さらに、植物には意識があります。**「私を見てください」「私を見て癒しを感じてください」などといった意識**もあります。
　そんな自然の中にいると、身体や心や、魂のバランスがとれてきます。自分の

中で、「バランスがとれていない」と感じたときは自然に出かけていって、自然の中に身を置いてください。深い呼吸になり、バランスも整ってくるでしょう。
　また、**植物は人間がくると輝きはじめます。**さらに、声をかけたり、見つめてあげることで、輝きを増します！　どうぞ、見つめて、声をかけてあげてください。そのエネルギーをあなたも感じることでしょう。

　ここで、私の桜の木にまつわるエピソードをお話ししましょう。
　小学生のころ、昆虫採集をするのに、校内の桜の木に、蜂蜜をぬっておきました。翌日桜の木に行ってみると、昆虫どころか、蜂蜜をぬっておいたところが、跡形もありませんでした。不思議に思いましたが、今度は蜂蜜をたくさんぬり、翌日桜の木を見に行くと……また、蜂蜜をぬったところが跡形もないのです。もう、意地になってまた多めに蜂蜜をぬりました。何度やっても昆虫が集まるどころか蜂蜜もなくなっている……これを一週間繰り返しました。しかし、その翌日、一番低い枝の一部に季節外れの桜が見事に咲いていたのです！　私は、小学生ながらに「甘いものが欲しかったんだね！」と会話し、満足して帰ったのを覚えています。いま思えば、けっして咲くことのない時期に、桜の花を2つ咲かせて見せてくれたことは、桜の木からの感謝の表現だったのかもしれません。本当に、奇跡のようなことに感謝です。
　これから紹介する植物や動物の「生命エネルギー」をぜひあなたも感じて、そして取り入れてみてください。

AURA / ENERGY

050　癒しの「生命エネルギー」

仕事、家庭、プライベートの充実のため……少し無理をしすぎて疲れてしまうことは誰にでもあることです。

植物のフラットで高いエネルギーは、身体、心、魂のバランスをとってくれます。

とくにパワースポットと呼ばれる場所には、その土地独自のエネルギーがあります。
この写真は、長野の「ゼロポイントフィールド(ゼロ磁場)」。
ゼロポイントであるいわゆる"へそ"の部分の葉は色が変わっています。ここはエネルギーが渦巻いている中心です。

AURA / ENERGY

052　癒しの「生命エネルギー」

疲れ切ってしまったとき、身体が自然と縮こまっていませんか？
この力強い鷹の羽ばたきのように、**思い切り、身体を伸ばしてみましょう。**

さまざまな生命がふたたび目覚めるのが、日の出のとき。
気持ちが滅入る出来事があった日も、**一晩寝て朝日を浴びれば、気持ちも明るく変わります。**
雲母が有名な高千穂・国見ヶ丘の日の出のエネルギーを感じてください。

ときに、へとへとに疲れてしまうような出来事はたくさんありますね。
でも、すべてあなたが最高に咲き誇るための序章でしかありません。
そう、暑い夏と寒い冬を乗り越え、年に一度咲き誇るこの桜のように……。

満開の桜の生命エネルギーと桜に宿る精霊のエネルギーを感じてください。

たったひとりでも理解者がいれば、癒される
ときがあります。

ときには、心を許せる友人や大切な家族に打ち明けてみるといいでしょう。
じつは、友人や家族だけでなく、**植物もあなたにやさしい意識を送っています**。ぜひ、その声に耳を傾けてください。

AURA / ENERGY

どんなときも、光の方に、光の方に……。
一歩ずつ、すすみましょう。

Aura / Energy

062　癒しの「生命エネルギー」

深い愛が、あなたを包んでいます。
光に、愛に、心をゆだねてください。

木々は、遠く離れた木々と調和し情報交換をしています。
あなたが毎日がんばっていることを、きっと木々たちは知っています。

エネルギーがまわっている京都・鞍馬山の巨木(左)と、私の実家の神社、樹齢何百年にもなるご神木(上)。

Aura / Energy

066　癒しの「生命エネルギー」

太陽、富士山、空の三位一体(さんみいったい)のエネルギーを感じてください。

MESSENGER

見えない世界へ誘う
「使者」

見えない世界から、私たちにわかりやすい"使者"を送ってメッセージを届けてくれることがあります。

これからご紹介する写真は、見えない世界へと私たちを誘う"使者"を写したものです。

それは、「虹」や「光」といった自然現象のときもあれば、「フクロウ」や「白蛇」といった生き物のときもあります。

ある時期から実家の神社に、神使いである、幼い白いフクロウがやってくるようになりました。

私も実家に帰るたびに、フクロウの鳴き声を聞き、日常でも「フクロウ」というキーワードをあちらこちらで聞くようになりました。

実家の神社では、そのフクロウがきてからというもの、**突然参拝者が増えはじめた**そうです。

私も、フクロウの姿を見た後に、導かれたかのように素晴らしい出会いをしたり、無限の宇宙を感じるビジョンの夢を何度も見て、大きく広がる意識に誘われたりしました。072ページの写真のフクロウが見せてくれたビジョンは、計り知れないほどの広大な宇宙でした。

また、私は石（クリスタル）が大好きなのですが、**「石」も見えない世界からのメッセージを届けてくれます。**

さまざまな石がありますが、「気に入った石」あるいは「気になる石」とコミュニケーション（対話）することで、**その石の意識と共鳴します。**

　石には「ケイ素」という成分が含まれています。人間の骨の中や関節、皮膚、髪の毛、爪、松果体などにも同じ成分が含まれています。そのため、石と私たちの身体は、共鳴を起こすと科学でも証明されています。

　だから、夢やインスピレーション、ときには言葉としても、メッセージやビジョンを受け取ることができるのです。

　クリスタルは1ミリ大きくなるのに約100年かかるといわれ、大きいクリスタルは何十億、何千、何百年と生きています。その深く永くつづく石の持つエネルギーに、私自身が向き合う意識を持ってコミュニケーションするとき、目には見えない世界へと誘ってくれます。

　ちなみに私は、石の種類によりますが、石とともにお風呂に入り、一緒に眠ります。それにより、意識と意識の信頼関係ができます。そして、ともに眠ることで、目には見えないさまざまな世界へ案内してくれたり、幾何学的模様や数字、ストーリー、ビジョン、さらにははっきりとした言葉でメッセージをくれたりします。

　気に入った写真があれば、心の中で問いかけてみてください。
　そこから何かメッセージを受け取れるかもしれません。

私たちの世界は、見える世界だけではありません。
見えない世界を感じることができたら、あなたの可能性はもっと広がるのです。

実家の神社によくくる「神使い」のフクロウ。フクロウがやってきた日の晩に見る夢は、いつも不思議な気づきをもたらしてくれます。

現実世界である「見える世界」と、心の内面や聖なるエネルギーが存在する「見えない世界」の両方が大切です。
虹は、見える世界と見えない世界を結ぶ架け橋です。

実家の神社にあらわれた光（上）は、驚いたことに私の実家の家紋と同じ形でした。主祭神のエネルギーのあらわれだったのです。

目に見えない神々とつながる場所、「神社」。
内面と向き合いたいとき、お近くの神社を訪れるのはおすすめです。

サンセットは、内面に向かうエネルギー。

サンライズは、現実をつくり出すエネルギー。

ハワイの海(左)と山(上)、そしてサンセット(左)とサンライズ(上)の写真です。

Messenger

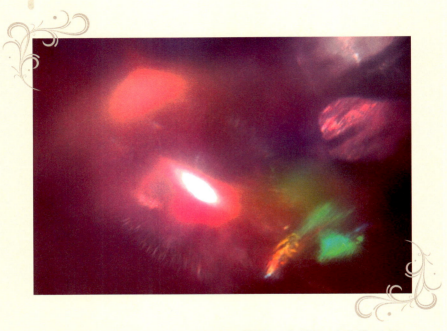

ストーンは、美しいだけでなく、**見えない世界とつながるエネルギーを持っています。**
「アメジスト」は「直感」をつかさどるエネルギー。

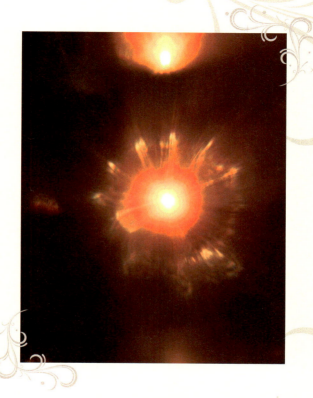

「スモーキークォーツ」は、「グラウンディング」の意識をつかさどるエネルギーを持っています。

「クリスタル」は、地球とともに何億年という時間をかけてこの形になっています。
光を発し、**何億年もの叡智(えいち)の世界へ私たちを誘います。**

郵便はがき

169-8790

料金受取人払郵便
新宿北局承認

7494

差出有効期間
平成30年7月
31日まで
切手を貼らずに
お出しください。

東京都新宿区
高田馬場2-16-11
高田馬場216ビル5F

サンマーク出版愛読者係行

愛読者はがき

1 お買い求めいただいた本の名。

2 本書をお読みになった感想。

市・区・郡　　　　　　　　町・村　　　　　　　　書店

4 本書をお買い求めになった動機は?

・書店で見て
・人にすすめられて
・新聞広告を見て（朝日・読売・毎日・日経・その他　　　）
・雑誌広告を見て（掲載誌＝　　　　　　　　　　　　　　）
・その他（　　　　　　　　　　　　　　　　　　　　　　）

ご購読ありがとうございます。今後の出版物の参考とさせていただきますので、上記のアンケートにお答えください。ご記入いただいた個人情報以外のデータは編集資料として毎月10名の方に図書カード（1000円分）をお送りします。なお、ご記入いただいたデータは編集資料の他、広告に使用させていただく場合がございます。

5 下記、ご記入お願いします。

ご職業	1 会社員（業種　　　）2 自営業（業種　　　） 3 公務員（職種　　　）4 学生（中・高・高専・大・専門・院） 5 主婦　　　　　　　6 その他（　　　　　　　　　　）
性別	男　・　女	年齢　　　　歳

ホームページ　http://www.sunmark.co.jp　　ご協力ありがとうございました。

電子メールアドレス		
お 名 前	フリガナ	〒 ご 住 所
（　　　）	歳	都道府県

ご記入されたご住所、お名前、メールアドレスなどは企画の参考、企画用アンケートの依頼、および商品情報の案内の目的にのみ使用するもので、他の目的では使用いたしません。
尚、下記をご希望の方には無料で郵送いたしますので、□欄に✓印を記入し、投函して下さい。
□サンマーク出版発行図書目録

お金や人間関係といった現実世界での繁栄も大事です。
そして、同時に**心の繁栄も大事です。**

「ゴールドルチル」は、「繁栄」をもたらすエネルギー
です。

COSMIC ENERGY

夢をかなえる
「宇宙エネルギー」

宇宙エネルギーはとても高波動です。オーブや光としてあらわれます。宇宙エネルギーとは、「何にでも変化できるエネルギー」です。

　これから、ご紹介する写真は、オーブや光、ときにはUFOとしてあらわれた宇宙エネルギーを写したものです。

　UFOはとくに別のステージにシフトするときにあらわれます。UFOは、異星人や未来人の乗り物という説もありますが、私は**高次元のエネルギー体と共鳴したときにあらわれる現象**だと感じます。

　宇宙エネルギーが、オーブであらわれた場合の特徴は、精霊・妖精のオーブとくらべ通常では考えもつかない動きをします。すごいスピードで回転したり、移動したりして、カメラでとらえることが困難です。

　色は鮮やかで、ビビッドな**エレクトリックブルーやエレクトリックグリーン、紫などと寒色系**のものが多い印象です。宇宙エネルギーがあらわれるのは、突然です。場所などとも関係なくあらわれます。

　以前、驚いたことに八王子の武蔵陵墓地に突然複数であらわれたこともありました。とても数が多かったので、本当に驚きました。

　そのオーブのエネルギーは、シリウスのエネルギーでした。なぜ、それを知ったかというと、私の中で、何かセンサーのようなものが働き、少したたずんでいると、手足の先端からじわっとピリピリする感覚がわき、しびれるようなエネ

ギーを感じたのです。
「これは?」と、心の中でつぶやくと「シリウス」と反射的に言葉がわいて出てきました。

もうひとつエピソードをご紹介しましょう。
私は、高層ビルで空を眺めることが好きです。身体を支えるために、窓に両手を置いて空を見ていたときでした。
ふとした瞬間、手を置いている窓から数十メートルくらい、一気に意識がドーンと下がっているのです。つまり、手が数十メートルくらい下に伸びている感覚なのです。
「あれ? 何だこの感覚は……」と、少しびっくりしたのですが、どうにもならず、気を楽にしてこの感覚を楽しんでみようと思いました。
3分ほどその感覚の中で、窓から見える太陽の光を見ていました。そして、自分自身の中で起きる思考による批判や判断を止めて、感じることだけに集中しました。
すると、光の多角的な変化が見えるようになりました。

あなたも、この不思議な高波動のエネルギーを感じてみてください。

Cosmic Energy

夢をかなえた人は知っています。
夢をかなえるには、大きなエネルギーが働くことを。
自分の最大限の力、そして**自分以外の大きな力が働く**ことを。

オリオン座とその下でひときわ明るく輝くシリウスのエネルギー。
この宇宙の高波動のエネルギーを感じてください。

左と同じ被写体です。上はシャッタースピードをおそくして撮っています。

宇宙からやってくる光、そしてエネルギーが私たちを育て、力を与えてくれています。

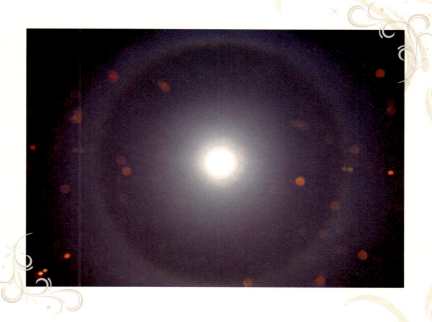

めずらしい現象である「太陽の虹(レインボーサン)」(左)と、「満月のゴールデンリング」と祝福するオーブたちのエネルギー(上)。

COSMIC ENERGY

すぐ先に、あなたの願う世界は待っています。

アメリカのアリゾナ州・セドナで撮った「太陽のレインボーリング」(上)と、コロンビア上空で撮った「ブロッキング現象」(右)。

願いがかなう世界である別次元への入り口は開かれています。

チャンスがきたとき、その瞬間をとらえること。
それが夢を実現させる秘けつのひとつ。

チャンスも、この宇宙エネルギーのオーブのようにすばやく動くものです。
高速で動くシリウスからのメッセンジャーであるオーブをとらえました。

COSMIC ENERGY

UFOは宇宙からのメッセンジャー。この空を通じてあなたと宇宙はつながっています。あなたが宇宙を思うとき、空を見上げてください。
宇宙の存在は必ずあなたとともにいます。

宇宙は、この美しい地球を、私たちを見守っています。
それを教えてくれたのは、セドナ・アンティロープで出会ったこの宇宙エネルギーです。
「あなた方の感動のエネルギーは私たちとつながっています」というメッセージももらいました。

たくさん感動しましょう。
それも夢をかなえるエネルギーになるのです。

COSMIC ENERGY

高尾にて、大雪の雪解けの際に、水辺に映った
高次元のエネルギーサークル。

夢を描きましょう。
**夢をかなえてくれる大きなエネルギーはいつ
だって私たちに降り注いでいる**のです。

ANGEL

愛と光のエネルギー
「天使」

天使という存在について私は、**高次元の「光」であり、「意識」の存在**ととらえています。

天使は、一人ひとりのそばに寄り添う、守護神（ガイド・案内役）のような、役割を担っている存在です。デザイナーであり、私のパートナーでもある LICA が、天使とのチャネリングをよく行っています。彼女によると天使の存在とは、じつにフラットで、**批判や判断をする認識がない愛と光の存在**だと言っています。

光の存在は、私たちに目に見える現象を使って「サイン」を送ってくれています。**雲や光が、天使の大きな羽や、美しい羽の形**になってあらわれ、私たちに天使の存在を知らせてくれるのです。

それが、これからご紹介する写真です。写真には、天使の慈愛に満ちたエネルギーがこめられています。

私が天使の羽の光を撮った場所は、セドナのホーリークロスチャペルという教会でした。天使を感じ、ふと空を見上げたとき、空に彩雲と光の羽としてあらわれてくれていました（113 ページ）。

また、天使は石に宿ることもあります。クリスタルや、ローズクォーツアメジストなどの石の中に、レインボーの光や羽のような形として見せてくれることがあります。

私も、石に宿る天使の存在を感じ、心の目でとらえ、体感までしたことがあります。

アメリカのアリゾナ州・セドナにあるカセドラルロックを訪れたときのことです。光り輝くローズクォーツが、何か訴えかけるように私の視界に入ってきました。手に取ると、何ともいえぬ感覚を得ました。
　そして、その石を握りしめ瞑想（めいそう）をしたときでした。目をつぶっているはずが、まぶしいくらい輝く光が入ってきて、身体全体が溶けてなくなるような感覚になったのです。
　しばらくすると、**大きな大きな羽がはえている天使のような存在があらわれ、その大きな大きな羽で、私の意識を包んでくれた**のです。
　私はもう、**この上ない幸福感と同時に、すべてがつながっている感覚と、魂の底から深い深い慈愛を感じました**。ふと、我に返った私は、涙があふれて止まらないほどでした。私は本当に、この感覚を得られるいまに感謝をしました。

　あなたも、天使の存在からの「サイン」を見たら、感謝の祈りを天使に送ってください。天使とのつながりが、より深くなることでしょう。

天使はいつも私たちのそばにいます。
そして、**愛と光を私たちに送ってくれています。**

「自分を見つめなさい。愛と感謝が重要です」
こんなメッセージとともに、空にあらわれたのが大天使ガブリエルのエネルギーであるこの雲です。

意識さえ向ければ、私たちの思いは天使に届きます。

シャスタで出会った「レインボークラウド」。
天使の祝福のエネルギーを感じてください。

魂がワクワクすることが、私たちを輝かせます。
あなたは、いま**魂がワクワクする選択をしていますか？**

セドナのホーリークロスチャペルの真上にあらわれた
まさに天使の羽の光。

ストーンの中にも天使が宿ることがあります。
「クリスタル」(上) と「シトリン」(右) に宿る天使。
愛と光のエネルギーを感じてください。

天使がそばにきてくれるとき、**ゆるぎない愛と安心を感じます。**
この写真は、私の父が亡くなりしばらくしてからも、もやもやとした気持ちが残っていたとき、私のもとに光が舞い降りる感覚があり撮ったものです。天使の愛を感じました。

天使をいつも感じてください。
そのためには、**天使の偶像を置いたり、天使の名前を付けたものをそばに置いたりすることで、天使のエネルギーを呼ぶことになります。**

天使はいつもあなたに愛と光を送っているのです。

おわりに　Conclusion

未来世の自分からのメッセージ

　いままで、さまざまな写真を紹介してきました。いかがだったでしょうか？
　私は、これまでさまざまな写真を撮ってきました。
　「はじめに」でもご紹介した、目には見えないUFOの写真を撮ったことがきっかけで、さまざまな目には見えない世界を撮るようになり、いままで感じるままに撮りつづけてきました。

　ここからさまざまな「目に見えない存在」を見たり、感じたりするようになりました。
　このとき、「なぜ、肉眼でも見えるようになったのか？」「なぜ、宇宙意識を感じるようになったのか？」を知りたくなりました。
　そこで、「バシャール」という宇宙意識とチャネリングを行っているダリル・アンカにコンタクトをとり、ロサンゼルスまで行って直接バシャールに質問をしてみたのです。
　すると、その答えは、2つあると教えてくれました。
　「あなたが未来世の情報をキャッチしている」
　「いまあなたが経験している情報を、未来世のあなたが観察している」
　と、教えてくれたのです。

実際に、バシャールとチャネリングを行っている、ダリル・アンカは、彼の未来世であるバシャールと契約をして、この現在にメッセージをチャネリングしています。

　これを聞いて以来、私は、**未来も過去もすべてがまさに、「いま、ここ」にあるのだ**と感じました。

見えない存在たちが教えてくれる「ワンネス」

　この本でご紹介した写真をじっくり見て、そのエネルギーを感じていただき、あなたの内側にわいてくる、また、うかんでくるビジョンやメッセージを受け取り、その世界を広げてみてください。

　そうすれば、あなたの意識に深く、目には見えない存在たちのエネルギーが届くと思います。

　私はいつも、**目には見えない存在たちを、目で見るとき、感じるとき、心がつながる感覚があります**。そこに真の愛を感じるのです。また、生きるパワー、パッション、力強さ、感情までをも感じるときがあります。

　そしてすべてが一体になる瞬間があり、その瞬間に、シャッターを押すのです。

　見えない存在と心がつながるとき、それらが、魔法のように美しく輝き、光を

放つときがあります。私にとって、**「光」というのは、ワンネス（すべてはひとつ）を気づかせてくれるサインです。**

　だからこそ、「いま、ここ」にあり、感じることができる。

　目には見えない存在たちやその光、オーブなどを見るたびに、いつも深い感謝を送ります。

　最後になりましたが、この本を一緒につくってくださった、サンマーク出版の金子さん、神様の意識を小さいころから教えてくれた実家の黒沼神社と、神職だった亡き父と母、兄姉、そして最愛なるパートナーのLICAちゃんに、感謝を送ります。

　そして、目には見えない確かな存在たちと、この本を手にとり、見てくださったすべての方に愛と感謝と光を送ります。

幸運を呼びこむ不思議な写真

2015年 8月25日 初版発行
2017年 1月10日 第15刷発行

著　者	FUMITO
発行人	植木宣隆
発行所	株式会社 サンマーク出版 東京都新宿区高田馬場2-16-11 (電)03-5272-3166
印　刷	共同印刷株式会社
製　本	株式会社若林製本工場

© FUMITO, 2015 Printed in Japan
定価はカバー、帯に表示してあります。落丁、乱丁本はお取り替えいたします。
ISBN978-4-7631-3478-3 C0030

ホームページ：http://www.sunmark.co.jp
携帯サイト：http://www.sunmark.jp

FUMITO（ふみと）

クリエイティブプロデューサー。空間演出家。パラレルアース（株）代表。
東北の神社の家系に生まれ、自身も國學院大學にて神職の資格を得て、神職としても活躍。また、幼少のころから「共感覚」という知覚により、見えないものに対する鋭い感覚を持ち成長する。
現在は、某有名海外ファッション、コスメブランドなどのパーティーやショーなどの空間演出家、イベントプロデューサーとして数々の企業イベントを手がけている。
同時に、東日本大震災をきっかけに、目に見えない存在からの目に見えるメッセージを受け取り、すべては愛と感謝と光であると体感。それ以降、パートナーのLICAとともに見えない世界に関する講義や、ワークショップ、スクール、執筆活動を行っている。
著書に、パートナーのLICAと共著で『次元間トラベリング』『シンクロニシティカード』（ともにヒカルランド）がある。

Lica & Fumito's Blog
パリコレ＆30億ブランドを創った　引き寄せの法則
http://ameblo.jp/parallel-earth

サンマーク出版の話題の書

天使が教えてくれた「おしゃれの法則」

LICA【著】

四六判並製　定価＝本体1600円＋税

世界的デザイナーが天使から受け取った「幸運を呼ぶファッション」！

ラッキーを引き寄せるおしゃれな「チャーム」付き。

- ◆ デザイナーの私が受け取った天使からのメッセージ
- ◆ あなたのガーディアンエンジェルの名前を聞いてみましょう
- ◆ 願いをかなえる祈り方・不安を断ち切る祈り方
- ◆ 天使とつながり、しあわせを呼ぶ「ミカエルのコインチャーム」
- ◆ 天使とつながるファッションポイントは「清潔感」と「光」
- ◆ 数字に隠された秘密〜エンジェルナンバー〜
- ◆ 天使から「贈り物」をもらう方法

電子版はKindle、楽天〈kobo〉、またはiPhoneアプリ（サンマークブックス、iBooks等）で購読できます。

サンマーク出版の話題の書

読むだけで「見えない世界」とつながる本

K【著】

四六判並製　定価＝本体1500円＋税

ヘビメタ好きロッカーの著者と、守護霊くんが繰り広げる「見えない世界」の授業！

- ◆ あなたはもう……つながっている！
- ◆ 守護霊と遭遇したとき、何が起こったか？
- ◆ 「プチ体外離脱」的な！
- ◆ シンクロは守護霊からのメッセージだった
- ◆ 「ロックに終わりはない！」この世を去ったおやじからのメッセージ
- ◆ 地下鉄で未知との遭遇
- ◆ 部屋を整え、自分自身を整える「エネルギーの法則」

電子版はKindle、楽天〈kobo〉、またはiPhoneアプリ（サンマークブックス、iBooks等）で購読できます。

サンマーク出版の話題の書

妖精を呼ぶ本

姫乃宮亜美【著】

四六判並製　定価＝本体1300円＋税

**ラッキーな出来事が
つぎつぎと起こりはじめる！**

- ◆ 猫の背中に乗ってやってきた妖精
- ◆ 妖精は宇宙の源と私たちをつなぐ存在
- ◆ 妖精とつながれば本来の自分が見つかる
- ◆ 「フェアリーマジック」が起こりはじめる
- ◆ シロツメクサの妖精が教えてくれたこと
- ◆ 物や色に宿る妖精、そして「ちいさいおじさん」
- ◆ 妖精が舞い降りる部屋づくり

電子版は Kindle、楽天〈kobo〉、または iPhone アプリ（サンマークブックス、iBooks 等）で購読できます。